Illustrationen: Ute Thönissen
Gesamtgestaltung: Weiß – Graphik & Buchgestaltung, Freiburg
Umschlaggestaltung: unter Verwendung einer Illustration von Ute Thönissen

www.herder.de
Verlag Herder GmbH, 79080 Freiburg

Druck und Bindung: Proost, Turnhout 2006
Gedruckt auf umweltfreundlichem, chlorfrei gebleichtem Papier

ISBN-13: 978-3-451-28854-8
ISBN-10: 3-451-28854-0

Ingrid Uebe · Ute Thönissen

Die Geschichte von Sankt Nikolaus

HERDER

FREIBURG · BASEL · WIEN

Bestimmt kennt ihr Sankt Nikolaus,
den guten, heil'gen Herrn!
Kommt jedes Jahr in unser Haus,
hat alle Kinder gern.
Und was er ihnen mitgebracht,
steckt er in ihre Schuh',
stapft durch die lange Winternacht
und gönnt sich nirgends Ruh'.
Sein braves weißes Eselein
begleitet ihn zum Glück.
Und sollte Nik'laus müde sein,
dann trägt es ihn ein Stück.

Sankt Nikolaus, der Kinderfreund,
war selbst auch mal ein Kind.
Er hat gelacht und hat geweint,
wie Kinder eben sind.
Sein Elternhaus war groß und schön.
Drin litt man keine Not.
Und blieb ein Bettler davor stehn,
bekam er Milch und Brot.
Mit Eifer holte Nikolaus
auch süße Früchte her
und teilt' sie an die Armen aus.
Das fiel ihm gar nicht schwer.
Die Eltern hatten ihn sehr lieb.
Sie sah'n den kleinen Mann
und alles, was er tat und trieb,
mit großer Freude an.

Doch beide starben viel zu früh.
Da war das Kind allein
und war so traurig wie noch nie,
konnt' nicht mehr fröhlich sein.

Er wuchs bei treuen Dienern auf,
die hüteten ihn gut,
bewachten seinen Tageslauf
und stärkten seinen Mut.

Doch in der Nacht schlief Nikolaus
vor Kummer oft nicht ein.
Da lief er heimlich aus dem Haus
und in die Stadt hinein.

Schon damals war sein Mantel rot,
mit Taschen groß und weit.
Drin steckten Nüsse, Obst und Brot
und manche Süßigkeit.

Die ganze Last trug Nikolaus
zur Bettelkinderschar,
die auf dem Platz am Armenhaus
hungrig versammelt war.

Dort macht' er seine Taschen leer,
gab, was er bei sich hatt'.
Da freuten sich die Kinder sehr
und alle wurden satt.
Sie riefen laut: „Hurra! Hurra!
Jetzt lasst uns fröhlich sein!"
Als Nikolaus den Jubel sah,
stimmt' er gleich froh mit ein.
Er hat von Herzen sich gefreut,
dann musst' er wieder gehn.
Zum ersten Mal seit langer Zeit
hatt' man ihn lachen sehn.

An einem schönen Sommertag,
als Nikolaus im Garten lag,
da drangen Stimmen zu ihm her,
auch lautes Weinen, Seufzen schwer.
„Wir armen Mädchen!“, klang es laut.
„Wie gerne wär'n wir bald schon Braut!
Wie gerne würden wir uns sehn
im Hochzeitskleid! Ja, das wär' schön!
Es wär' das Schönste auf der Welt.
Doch unser Vater hat kein Geld.
Und weil er uns nichts geben kann,
so will uns drei gewiss kein Mann.“

Das Jammern schmerzte Nikolaus.
Er wusste, dass im Nachbarhaus
verstohlen schon vor manchem Jahr
die Armut eingezogen war.

Er kannte die drei Schwestern gut,
die dort in ihres Vaters Hut
zusammen lebten, fromm und rein.
Den Mädchen soll geholfen sein,
hat Nikolaus bei sich gedacht.
Am besten noch in dieser Nacht!

Schon füllte seine gute Hand
mit Gold drei Beutel bis zum Rand.
Die legt' er mit vergnügtem Sinn
nachts vor des Nachbarn Haustür hin.

Im ersten
Morgensonnenschein
holte der Vater sie herein.
Er rief nach seinen Töchtern gleich:
„Schaut her! Das ist gewiss für euch!"

Da freuten sich die Schwestern sehr
und tanzten jubelnd um ihn her.
Wahrhaftig! Bald darauf bekam
auch jede ihren Bräutigam.
Und glücklich kaufte jedes Paar,
was für den Hausstand nötig war.

Das Gold vom guten Nikolaus
reichte sogar für Möbel aus.
Danach blieb noch ein schöner Rest
für das geplante Hochzeitsfest.
Man feierte bis in die Nacht
und allen hat es Spaß gemacht.
Auch Nikolaus war mit dabei,
sah, wie die Schwestern alle drei
hell strahlten in des Glückes Glanz,
in Hochzeitskleid und Myrthenkranz,
sah's mit zufriedenem Gesicht.
Was er getan, verriet er nicht!

Und so wuchs Nikolaus heran,
war bald ein schöner junger Mann,
der überall in Land und Stadt
nur lauter gute Freunde hatt'.
Wo er auch ging, wo er auch blieb,
da hatten ihn die Menschen lieb.

Doch eines Tages dachte er:
Und fällt es mir auch noch so schwer,
so muss ich aus dem Vaterhaus
doch in die Fremde nun hinaus.
Nimm, lieber Gott, mich an der Hand
und führe mich ins Heil'ge Land!

Eilig verschenkt' er Gut und Geld
und zog als Pilger in die Welt.
Die Diener, Nachbarn, Freunde all',
die Tiere auch in ihrem Stall,
die sah'n ihm nach mit Trauerblick
und blieben ganz betrübt zurück.

Ein kleines weißes Eselein
fing, als er fortging, an zu schrei'n:
„I-Aah! Ach, komm zurück zu mir!
I-Aah! I-Aah! Ich warte hier!"
Der Pilger hob zum Gruß die Hand.
Er nickte lächelnd – und verschwand.

Dann zog er ohne Rast und Ruh'
nach Ost, dem Sonnenaufgang zu.
Und auf dem Weg, den er gewählt,
hat allen er von Gott erzählt.
Dabei war'n ihm die ganze Zeit
vergnügte Kinder stets zur Seit'.

Nach Jahren erst kam Nikolaus
von seiner Pilgerfahrt nach Haus.
Sehr müde, kurz vor Mitternacht,
hat er in Myra Halt gemacht.

Er ahnte nicht, dass diese Stadt
gerade keinen Bischof hatt'.
Doch seht! Man wartete auf ihn
und ließ ihn nicht mehr weiter ziehn,
führt' in die Kirche ihn hinein
und wollte ihn zum Bischof weih'n.
Von überall rief man ihm zu:
„Du bist's! Kein anderer als du!"
Da nahm der fromme Gottesmann
des Volkes Wunsch als Auftrag an.
Als er danach im Bischofsstaat
umjubelt vor die Kirche trat –
wen sah er dort im Morgenlicht?
Er traute seinen Augen nicht!
Da stand im ersten Sonnenschein
sein braves weißes Eselein
und rief beglückt: „I-Aah! I-Aah!
Mein guter Herr ist wieder da!"
Der Bischof sprach: „Du liebes Tier,
für deine Treue dank ich dir.
Von nun an gehen wir zu zweit."
Und dabei blieb's – für alle Zeit!

In Myra zog ein Sommer ein,
so glühend heiß wie nie,
dass Feld und Wald und Wiesenrain
vor Durst nach Regen schrie.
Die Ernte machte keinen satt,
sie reichte nicht fürs Brot.
Drum herrschte in der ganzen Stadt
bald große Hungersnot.

Der Bischof flehte im Gebet
um Gottes Hilfe nun:
„Ich weiß nicht mehr, wie's weitergeht!
Sag mir, was soll ich tun!"

Gott antwortete: „Lenk deinen Schritt
gleich morgen früh zum Meer!
Nimm auch zwei große Körbe mit!
Sind die auch jetzt noch leer,
so werden sie doch bald gefüllt
mit bestem Weizen sein.
Die Last, die allen Hunger stillt,
trägt dir dein Eselein."

Im Hafen lagen linker Hand
unübersehbar vorn
drei große Schiffe, bis zum Rand
gefüllt mit gold'nem Korn.

„Ihr Schiffer", sagte Nikolaus,
„Gott bittet euch durch mich,
habt Mitleid, teilt den Weizen aus!
Ach, lasst uns nicht im Stich!"

An Bord hat alles nur gelacht,
halb staunend, halb empört.
„Weißt du nicht, dass die teure Fracht
dem Kaiser längst gehört?"

„Ja", sagte Bischof Nikolaus,
„des Kaisers Geld wiegt schwer.
Und trotzdem – ich sag's frei heraus –
wiegt Gottes Wort viel mehr.
Wenn seine Stimme zu euch spricht,
gehorcht nur ihr allein.
Ich weiß, es wird ganz sicher nicht
zu eurem Schaden sein."

Da wurden Körbe ohne Zahl
mit Weizen voll gemacht.
Das Eselchen hat viele Mal
sie in die Stadt gebracht.

Von Herzen froh rief Nikolaus:
„Vorbei ist alle Not!
Geht, liebe Freunde, nun nach Haus,
backt endlich wieder Brot!
Backt für die Kinder Kuchen auch,
rührt süßen Honig rein!
Dann feiern wir nach altem Brauch
und wollen fröhlich sein."

Die Schiffe aber hat der Wind
noch in derselben Nacht
in voller Fahrt, leicht und geschwind
pünktlich ans Ziel gebracht.
Der Kaiser hat sie kommen sehn,
empfing sie ohne Zorn.
Ein großes Wunder war geschehn:
Es fehlte nicht ein Korn!

O lieber heil'ger Nikolaus!
Du bist der Kinder Freund.
Du teilst uns deine Gaben aus,
willst nicht, dass eines weint.
Du willst – und das so lange schon –,
dass jedes fröhlich lacht.
Du bist ja unser Schutzpatron
und gibst gut auf uns Acht.

Wir wissen längst, dass du uns liebst.
Das freut uns alle sehr.
Und wenn du uns was Süßes gibst,
dann freut uns das noch mehr.